JN225829

これで
カンペキ!

マンガでおぼえる

英単語

齋藤 孝

岩崎書店

はじめに

　これからは、小学校でも英語を勉強するよね。英語ができるようになるために一番大切なことは、単語を知っているということ。単語を知らなければ、読めないし書けない、また聞いてもわからないね。単語を知っていたら、「何のことを言っているか」くらいはわかるんだ。話すのも同じ。お腹がすいたときに「ハングリー！」って言えば、とりあえずは伝わるからね。この本は、まず単語に触れよう！というのが目標だよ。

　単語を覚えるには、同じ言葉（文字）があるものをまとめて「ファミリー」として覚えるといいんだ。ひとつひとつバラバラに覚えるのではなく、「これとこれは act という同じ文字があるから仲間だ！」と

いうふうに、つながりで覚えるんだよ。

　この「単語ファミリー」は、単語を覚える近道。英語のできる人は、この方法で覚えているんだ。それに、ひとまとめにできるから、覚えなきゃいけない数が少なくてすむよね。

　中にはむずかしい単語もあるから、今すぐに全部を覚える必要はないよ。もっと英語の勉強が進んだときに、「あっ！　これ『単語ファミリー』で見たことある！」と思いだしてくれるといいな。はじめはマンガを読むだけでもいいよ。マンガの中にも英単語が出てくるからね。

　マンガに出てくる友だちといっしょに、楽しく英単語にチャレンジしてみよう！

この本に登場する人たちのしょうかい

かんなちゃん
(小4)

かんなちゃんかぞく

かんなちゃんの
ママ

かんなちゃんの
パパ

3にんは
なかよし

ゆうかちゃん
(小4)
オシャレさん

さきちゃん
(小4)
スポーツ少女

ポッチ　　かんなちゃんの
　　　　　おにいちゃん
　　　　　(小6)

花田3きょうだい

いちろう(小6)

じろう(小4)

さぶろう(小2)

花田パパ

花田ママ

······ たくみくんかぞく ······

たくみくんの
おじいちゃん

たくみくんの
おとうさん

たくみくん
（小4）

まりんちゃん
（小4）

山田さん
（小4）

······ 原家四姉妹 ······

原春奈
（小6）

原小夏
（小5）

原秋子
（小4）

原美冬
（小3）

つばさくん
（小4）
サッカー少年

······ 先生たち ······

齋藤先生

学校の
たんにんの先生

ゆうかちゃん
ママ

ゆうかちゃん
パパ

······ ひろくんかぞく ······

ひろくんの
おじいちゃん

ひろくんの
パパ

ひろくんの
ママ

ひろくん
（小4）

マンガでおぼえる

英単語

もくじ

アクト
act
12

アニマ
anima
14

オート
auto
16

バイオ
bio
18

キャップ
cap
20

セント
cent
22

サーク
circ
24

クローズ
close
26

コズモ
cosmo
30

ディス
dis
32

エコ
eco
34

エクス
ex
36

フォーム
form
38

グラフ
graph
40

インター
inter
42

イスト	マニュ	ミドル
ist	**manu**	**middle**
44	*48*	*50*

マイクロ	ミニ	オーヴァー
micro	**mini**	**over**
52	*54*	*56*

パート	パス	ポート
part	**pass**	**port**
58	*62*	*64*

ポーズ	プレス	プリンス
pose	**press**	**prince**
66	*68*	*70*

サイン	スタンド	サブ
sign	**stand**	**sub**
74	*76*	*78*

スーパー	ターム	テスト
super	**term**	**test**
80	*82*	*86*

テキスト **text** *88*	トリ **tri** *90*	ユニ **uni** *92*
アビリティ **ability** *96*	エイブル **able** *98*	アリ **ally** *100*
アリ **ary** *102*	エイト **ate** *104*	コム **com** *106*
フィン **fin** *108*	フル **flu** *112*	ジェクト **ject** *114*
ログ **logue** *116*	ロジー **logy** *118*	メタ **meta** *122*
モーション **motion** *124*	マウント **mount** *126*	オブ **ob** *128*

pan
パン
130

simple
シンプル
134

pro
プロ
136

quest
クエスト
138

re
リ
140

sym
シン
142

tion
ション
146

tract
トラクト
148

vent
ヴェント
150

vis
ヴィズ
152

viv
ヴィヴ
154

「act は『行動する』」！と
黒板に書かれた文字はしっかり読んでね。
「3回くり返して声に出す」こと！

**この本の
使い方**

3回
くり返して
声に出す

アクト
actは
「行動する」！

クイズ
アクト
act は「行動する」。じゃあ「行動」は？

こたえ
アクション
action！

そっか。「アクションスター」って言うもんね。

じろうかんとく！ 次は
「別れのシーン」
です！

映画作り

かんとく
じろう

オーケー！

アクション！

1

「クイズ」と「こたえ」も声に出して読むと、
英単語が自然と体の中に入ってくるよ。

「act」という言葉（文字）が入った単語の仲間を
「act 家の人々」という形で、
「単語ファミリー」として紹介しているよ。

「なるほど！」と思うことや、英語が
おもしろくなることが会話になっているよ！

actは「行動する」!

アクト

（クイズ）**act** は「行動する」。じゃあ「行動」は？

（こたえ）**act**ion!

アクション

そっか。「アクションスター」って言うもんね。

じろうかんとく！次は「別れのシーン」です！

映画作り

オーケー！

かんとくじろう

アクション！

1

anima は「命」という意味！

（アニマ）

クイズ anima は「命」。
（アニマ）
じゃあ「アニメを作る人」は？

こたえ animator！
（アニメイター）

アニメの絵に「命をふきこむ」人たちだもんね。

かんたんなアニメイションを作ってみよう！

① 紙のたばを用意して

② 少しづつ動いている絵を一枚一枚かいて…

アニメイターの人

1

autoは「自分から」！

オート

クイズ　auto は「自分から」だね。じゃあ、「自動の」は？

オート

こたえ　automatic！

オートマティック

車でも「オートマティック車」ってあるよね。

ゆうかちゃん、
ピアノじょうず

1

 **クイズ** bio は「生物」だね。じゃあ「生物学」は？

 **こたえ** biology！

生物に関することにはbioがつくんだね！

熱心になにを読んでるんだ？

『ファーブル昆虫記』です。虫が好きなんで。この本、おもしろいです

1

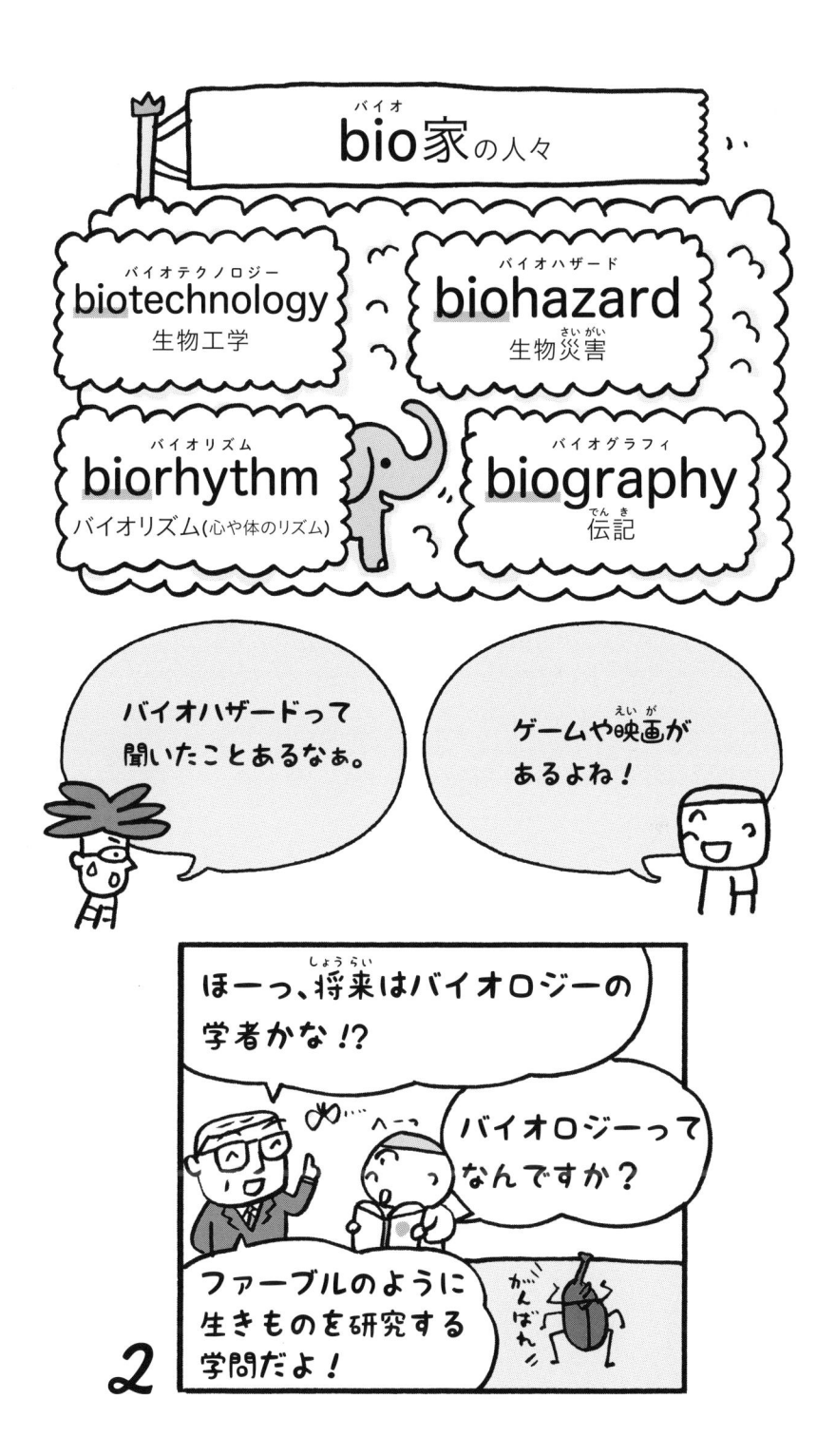

 **クイズ** cap は「頭」。じゃあ「ぼうし」は？

 **こたえ** ぼうしも **cap**！

そうか、頭にかぶるものだもんね。
スイミングキャップって言うしね。

centは
「100」！

クイズ　cent は「100」。じゃあ「1世紀」は？

こたえ　century！

そうか、1世紀は 100 年だもんね！

明日は 100 パーセント、雪がふるでしょう

ぜったい、ふるんだね……

何センチ、つもるかな？

1

circは
「円」という意味！

クイズ circ は「円」。
じゃあ、車がぐるぐる回って走るところは？

こたえ circuit！

「鈴鹿サーキット」では、車が ぐるぐる回ってレースをするね！

ブォ

サーカス、見るのはじめて!!

オレも！

上をごらんください！

1

close クローズ は「閉じる と」！

クイズ close クローズ は「閉じる」だね。じゃあ「閉店 へいてん」は？

こたえ closed クローズド ！

お店には、こういう
かんばんがかかってるよね！

曜日を英語で言ってみよう!

サンディー
Sunday

マンディー
Monday

テューズディー
Tuesday

スケジュール
Schedule **1月**

1日
日曜日

2日
月曜日

3日
火曜日

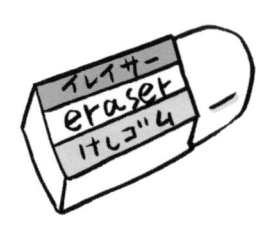

イレイサー
eraser
けしゴム

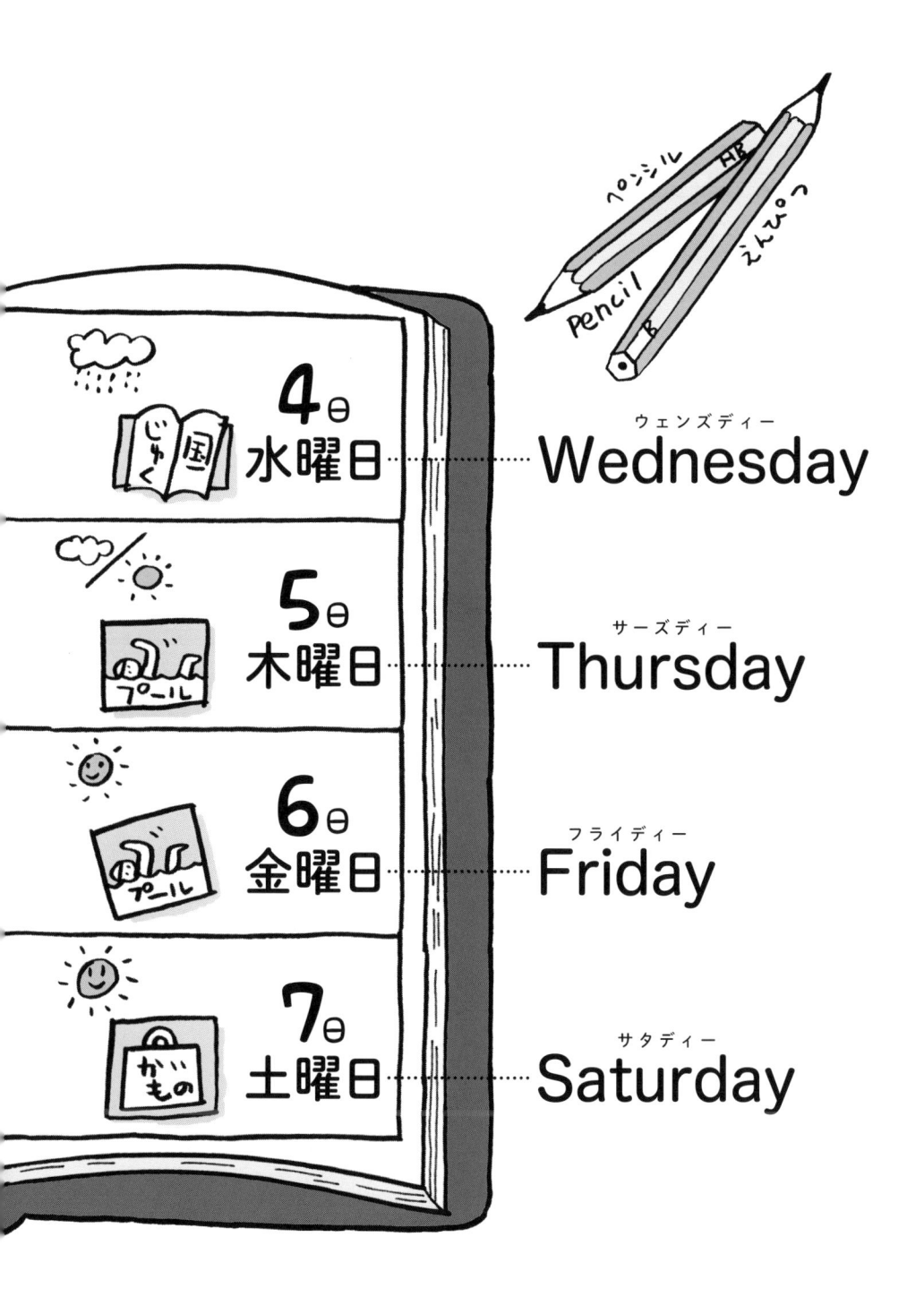

4日 水曜日 ……… Wednesday（ウェンズディー）

5日 木曜日 ……… Thursday（サーズディー）

6日 金曜日 ……… Friday（フライディー）

7日 土曜日 ……… Saturday（サタディー）

ペンシル　HB
Pencil
えんぴつ
B

3回 くり返して 声に出す

コズモ
cosmoは
「宇宙（うちゅう）」という意味！

（クイズ）
コズモ
cosmo は「宇宙（うちゅう）」という意味だよ。
じゃあ、「宇宙学（うちゅうがく）」は？

（こたえ）
コズモロジー
cosmology！

宇宙という意味の「cosmo」に、学問の「logy」がついたんだね！

1

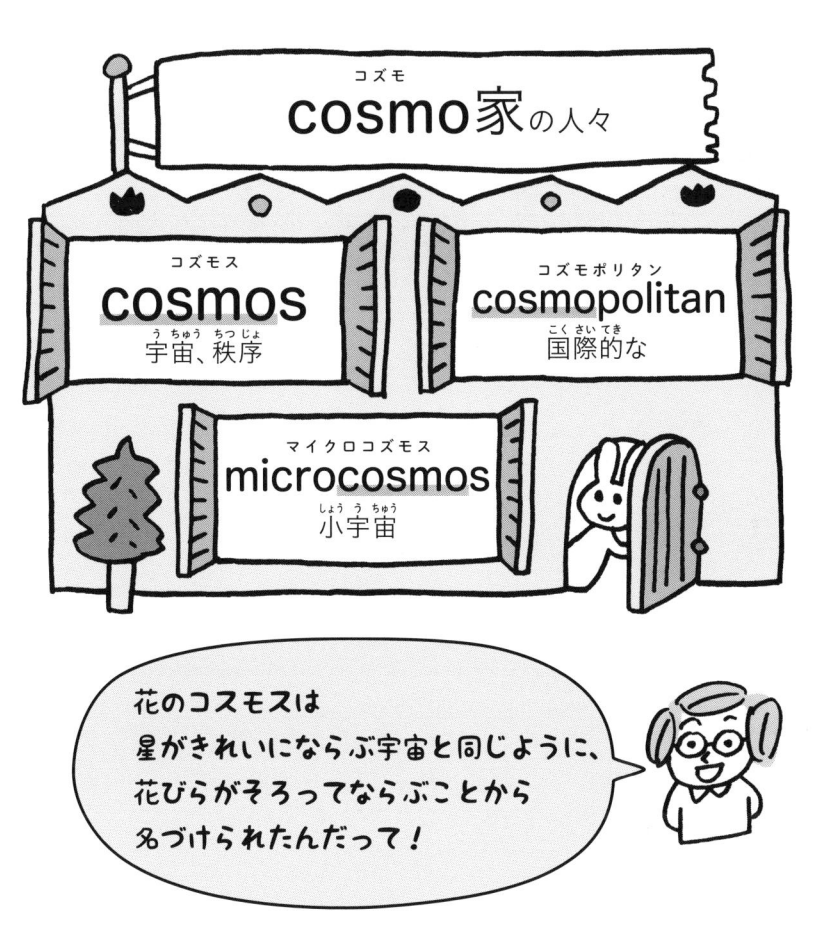

クイズ

dis は「はなれる」。じゃあ「きらう」は？

こたえ

dislike!

like が「好き」だから、「好きからはなれる＝きらう」ってことなんだね。

 **クイズ** eco は「環境」。じゃあ「環境学」は？

 **こたえ** ecology!

「エコロジーブーム」はこの言葉からきているんだ！

かあちゃん、うちはエコなこと、なんかしてる？

なに言ってんの、いろいろと実行してるよ

1

exは
「外へ」という意味！

exは「外へ」。じゃあ「輸出する」は？

export！

portは「運ぶ」だから、
「外へ運び出す＝輸出する」になるんだね。

日本がエクスポート、つまり輸出しているものって、どんなものがあるかな？

1

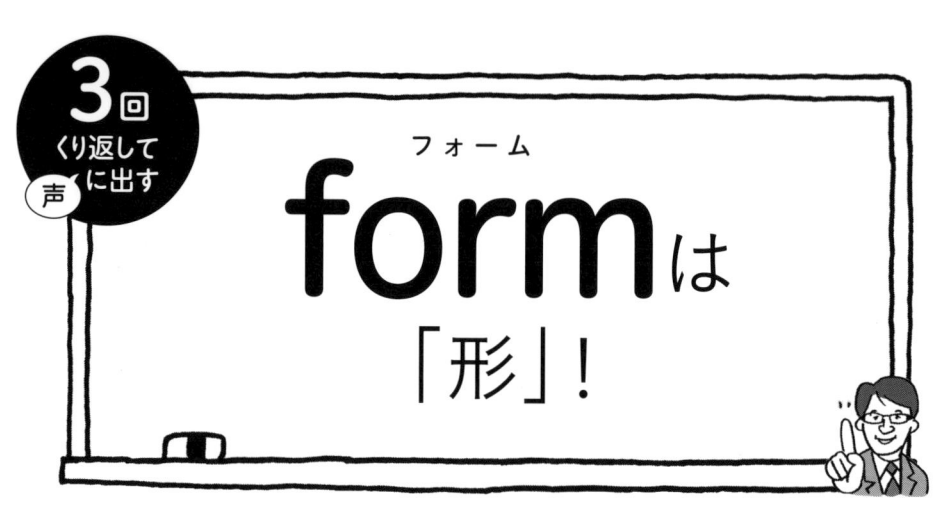

フォーム
formは
「形」！

クイズ

フォーム
form は「形」。じゃあ「形が決まっている」は？

こたえ

フォーマル
formal！

「フォーマルスーツ」とか言うもんね。

1

graph は「グラフ」！

クイズ graph はグラフのことなんだね。
じゃあ、「写真」のことは？

こたえ photograph! graphが入ってるね。

「グラフ」は「図」という意味でもあるから、「写真」も仲間なんだ！

この折れ線グラフをごらんください！

えーみなさん！

オホン

じろう

おっ！オレのことだ…

1

グラフ
graph家の人々

テレグラフ
telegraph
でんぽう
電報

パラグラフ
paragraph
だんらく
段落

グラフィック
graphic
かいが
グラフの、絵画の

グラフィックデザイナーって?

こうこく
本や広告とかをデザインする人のことね。
あこがれちゃう〜

1週間で3キロも体重がふえています!

なんとっ!

じろう
43
42
41
40
1 2 3 4 5 6 7 8

ラーメンのたべすぎ…ばれちゃったかな…

2

3回
くり返して
声に出す

inter は
「間の」という意味！

クイズ
inter は「間の」っていう意味なんだね。
じゃあ、「国際的な」は、なんて言う？

こたえ
international！
inter が「間の」で、national が「国」だね。

国と国の間のことだから inter がつくんだね。

まちかどインタビュー

今や世界中の人々が
インターネットでつながっています！
どう思いますか？

えーと…

1

042

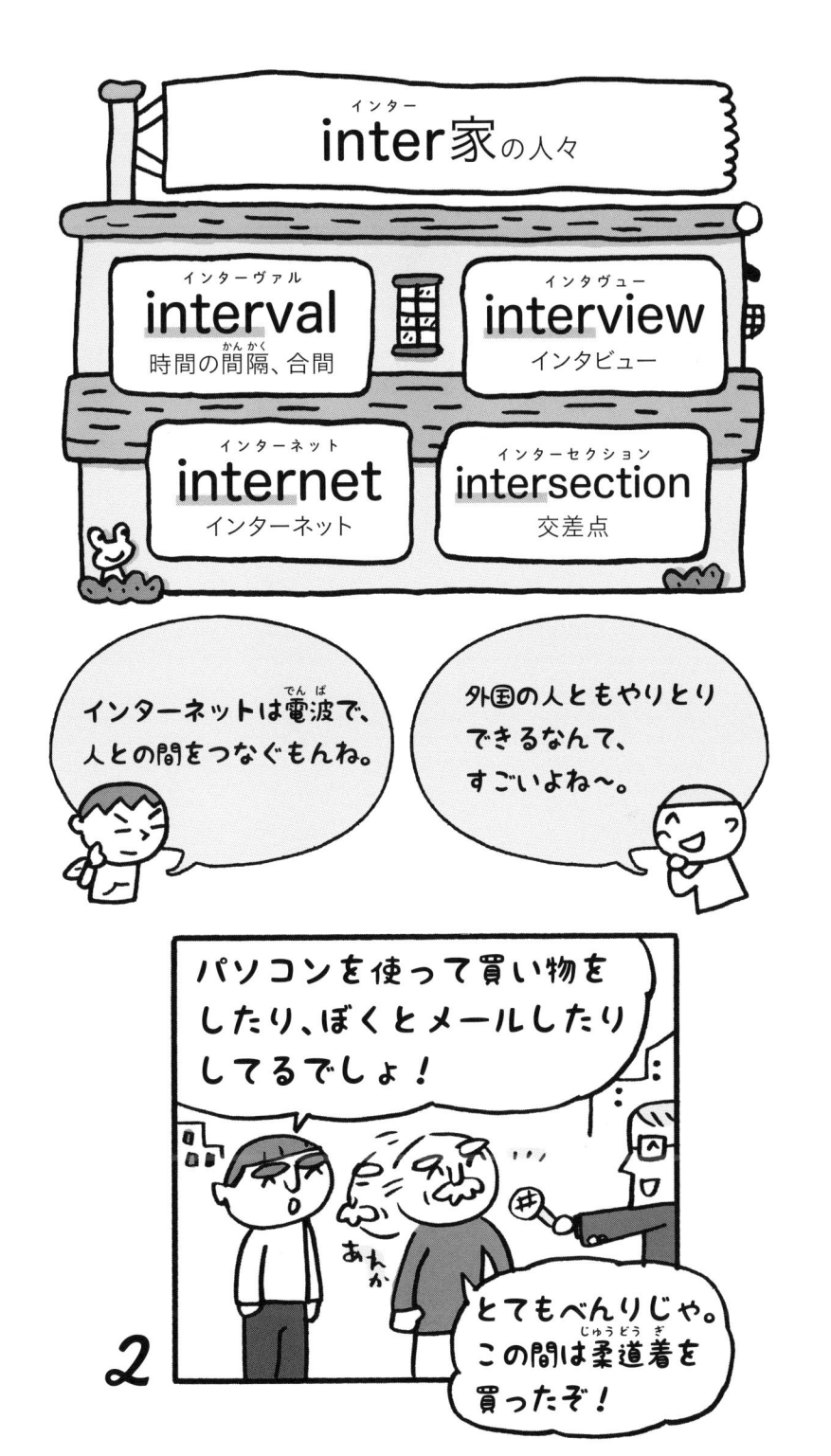

ist（イスト）は「〜する人」！ という意味！

クイズ ist（イスト）がつくと「〜する人」っていう意味。
じゃあ、「芸術家（げいじゅつか）」は？

こたえ artist（アーティスト）！ アートをする人だからだね。

ゆうかちゃんのパパは
artist（アーティスト）だね！

ピアニスト！　ジャーナリスト！

アーティスト！

ほーっ
なるほど！

かっこいいなぁ！

1

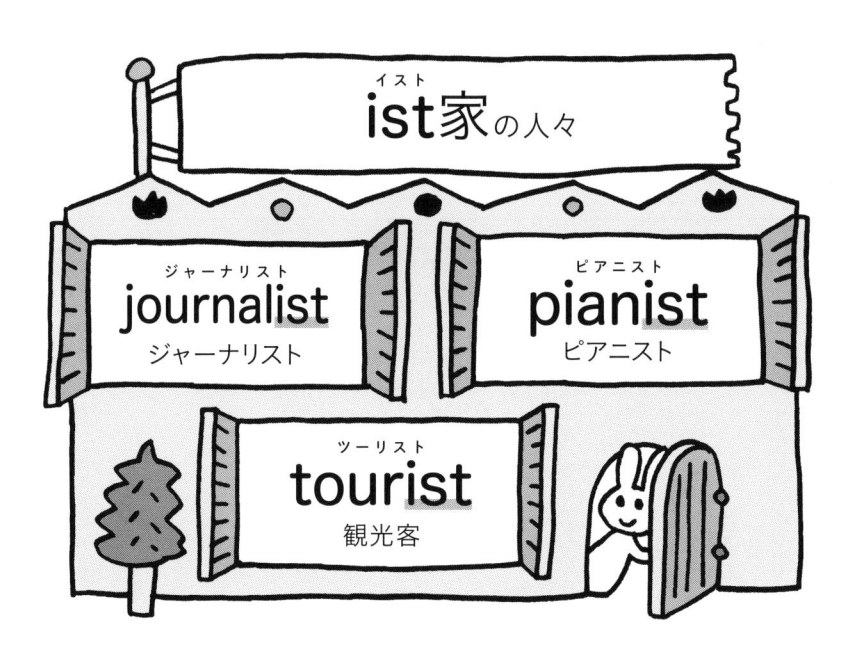

2

数を英語で言ってみよう!

1 ➡ one ワン

ティーシャート
T-shirt

2 ➡ two トゥー

カウ
cow

3 ➡ three スリー

シューズ
shoes

4 ➡ four フォー

ニャー

キャット
cat

5 ➡ five ファイブ

ほん

ブック
book

6 ➜ six
シックス

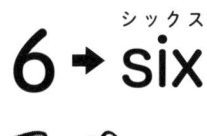

friend
フレンド

7 ➜ seven
セブン

bean
ビーン

8 ➜ eight
エイト

donut
ドウナツ

9 ➜ nine
ナイン

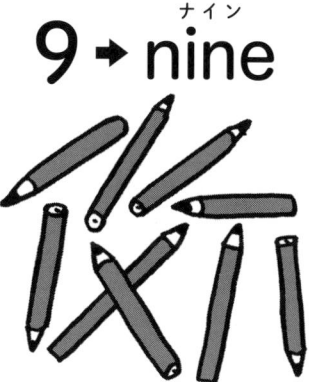

pencil
ペンシル

10 ➜ ten
テン

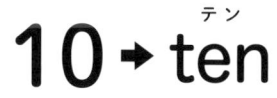

car
カー

＊複数形の表記はしていません
（ただし、shoes は複数形）

マニュ

manuは

「手」という意味！

 **マニュ**
manu は「手」という意味なんだね。
じゃあ、「手動の」は？

 **マニュアル**
<u>manu</u>al！

車でもオートマ車とマニュアル車があるね。

新商品の「マニュアルせんぷうき」でございます！

いいね！かっこ？！

なんと!!
電気代がいっさい
かかりません

1

048

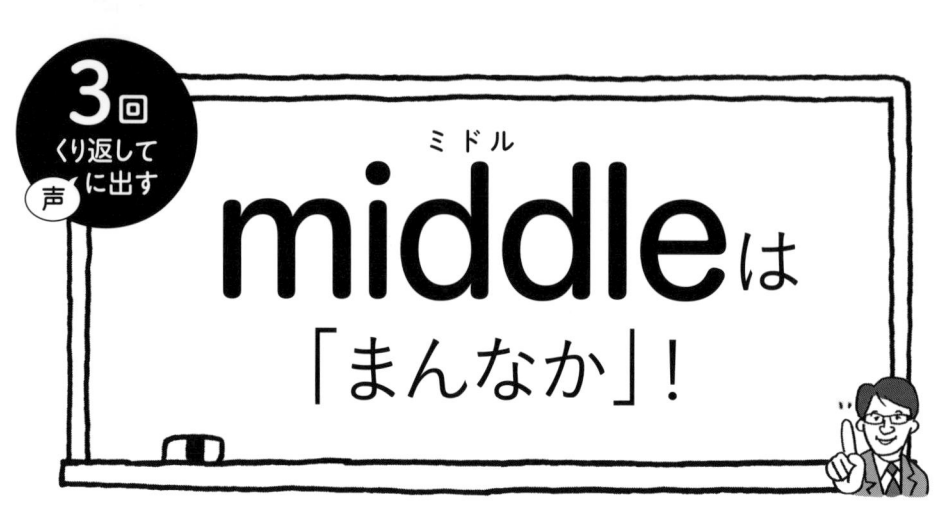

3回 くり返して 声に出す

middle(ミドル)は「まんなか」！

クイズ middle(ミドル)は「まんなか」だね。じゃあ、「正午」は？

こたえ midday(ミッデイ)！

正午は一日のまんなかだから、middle(ミドル)の「mid」が同じなんだね！

1

勉強中…

ああ、もうミッドナイトだ！

1

microは

マイクロ

「すごく小さい」という意味！

クイズ **micro** がつくと「すごく小さい」という意味。
じゃあ「顕微鏡（けんびきょう）」は？

こたえ **microscope**！
マイクロスコープ

ものすごく小さいものを見るものだからね。

ものすごく小さい生き物のことは**microbe**って言って、
微生物（びせいぶつ）とか細（さい）きんのことだよ！

3回 くり返して 声に出す

mini は
「小さい」という意味！

クイズ mini は「小さい」という意味。
じゃあ、「短いスカート」のことは？

こたえ miniskirt！

> ミニスカートは、「小さい」というより
> 「短い」という意味ね。

1

3回 くり返して声に出す

over は「〜の上の」！
オーヴァー

クイズ
over は「〜の上の」っていう意味。
オーヴァー
じゃあ、「頭の上の」は？

こたえ
overhead！
オーヴァーヘッド

そっか。サッカーでオーヴァーヘッドキック
っていうもんね！

オーヴァーヘッドキック、
きまったー！

1

3回 くり返して 声 に出す

part は「部分」！
（パート）

クイズ part は「部分」だね。じゃあ、「相棒」は？
（パート）（あいぼう）

こたえ partner！
（パートナー）

「ダンスのパートナー」って言うもんね！
二人組の一部分ってことだね。

③ 教科を英語で言ってみよう！

イングリッシュ
✐ english

ジャパニーズ
🔲 japanese

ミュージック
🎼 music

アリスメティック
📐 arithmetic

フィジカル　　　エディケイション
⏚ physical education

	月	火
1	国語	英語
2	技術	体育
3	音楽	国語
4	算数	家庭科
5		体育

じかんわり

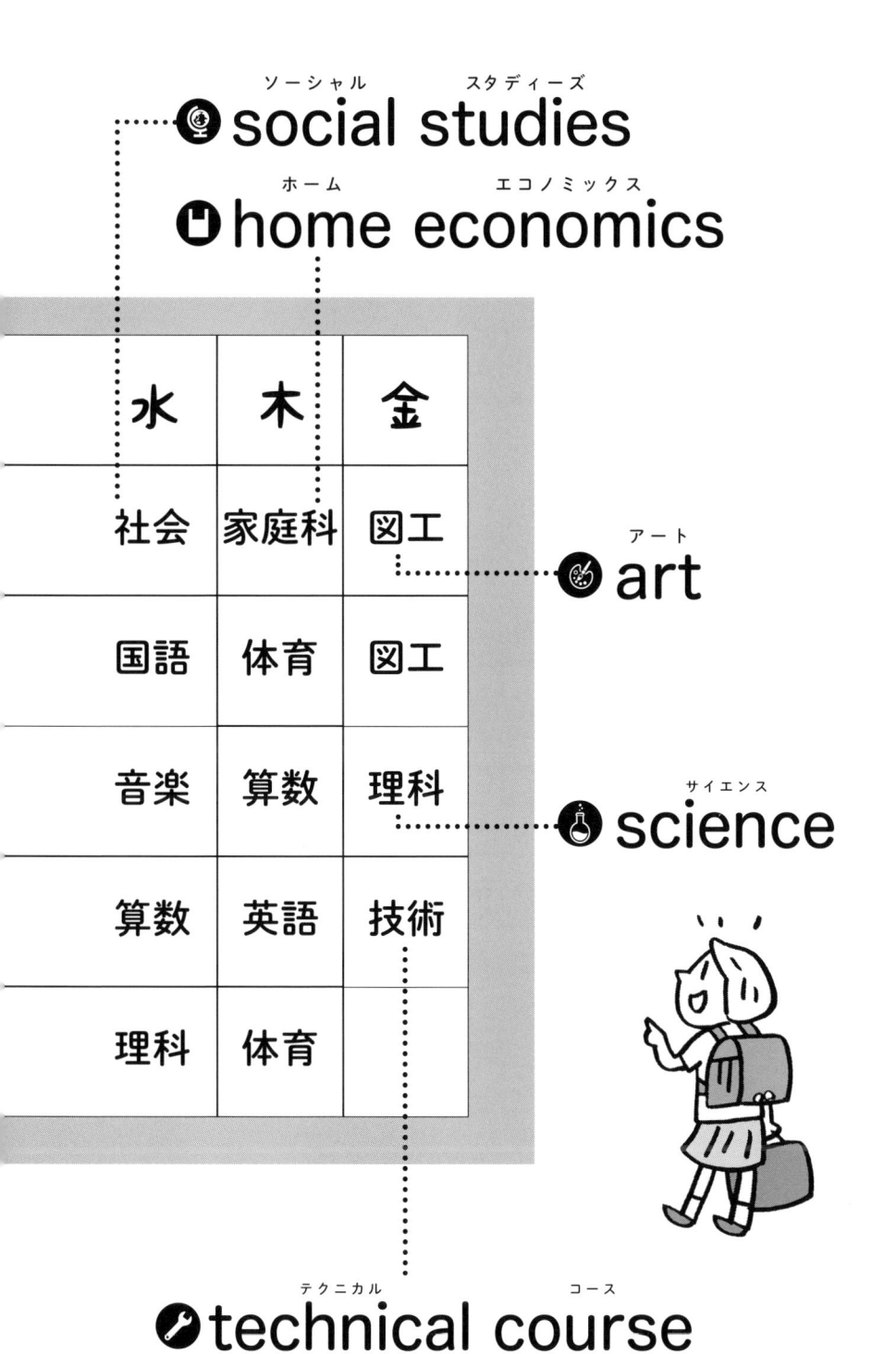

ソーシャル スタディーズ
social studies

ホーム エコノミックス
home economics

水	木	金
社会	家庭科	図工
国語	体育	図工
音楽	算数	理科
算数	英語	技術
理科	体育	

アート
art

サイエンス
science

テクニカル コース
technical course

passは「通る」!

クイズ

pass は「通る」だね。
じゃあ、外国に行くのに必要なのは？

こたえ

passport! パスポートがないと行けないね。

外国を「通る」ためにはパスポートが必要。
だから pass がつくんだね。

port は「運ぶ」！

ポート

クイズ port は「運ぶ」だね。じゃあ、「輸出する」は？

ポート

こたえ export！36ページに出てきたね。

エクスポート

ex が「外へ」だから export は「輸出」。
「輸入」は import だよ！

パパがよろこびそうね！

輸入ワインフェアー

フランスから輸入したワインです

1

pose（ポーズ）は「置（お）く」という意味！

 **クイズ** pose（ポーズ）は「置（お）く」という意味。
じゃあ、「おしつける」は？

 **こたえ** impose（インポーズ）! 上からおしつけるイメージだね。

> ひみつをあばくことを expose（エクスポーズ）って言うけど、
> 「ひみつを外に置（お）く」ってことなんだね。

press は「おす」!

 **クイズ** press は「おす」だね。じゃあ、「圧力」は？

 **こたえ** pressure！

「プレッシャーに弱い」とか言うもんね。

prince プリンス は「王子」!

クイズ prince プリンス は「王子」だね。じゃあ、「王女」は？

こたえ princess プリンセス ！

prince プリンス には「一番目の」っていう意味もあるんだって。だから王子と王女なんだね。

すてきなプリンスが
わたしをむかえに
こないかな……

ハロー
プリンセス

パカパカ
パカパカ

きた！

1

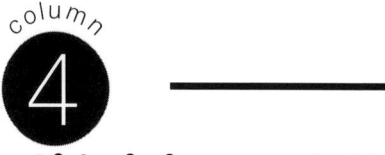

column
4

学校の場所を
英語で
言ってみよう！

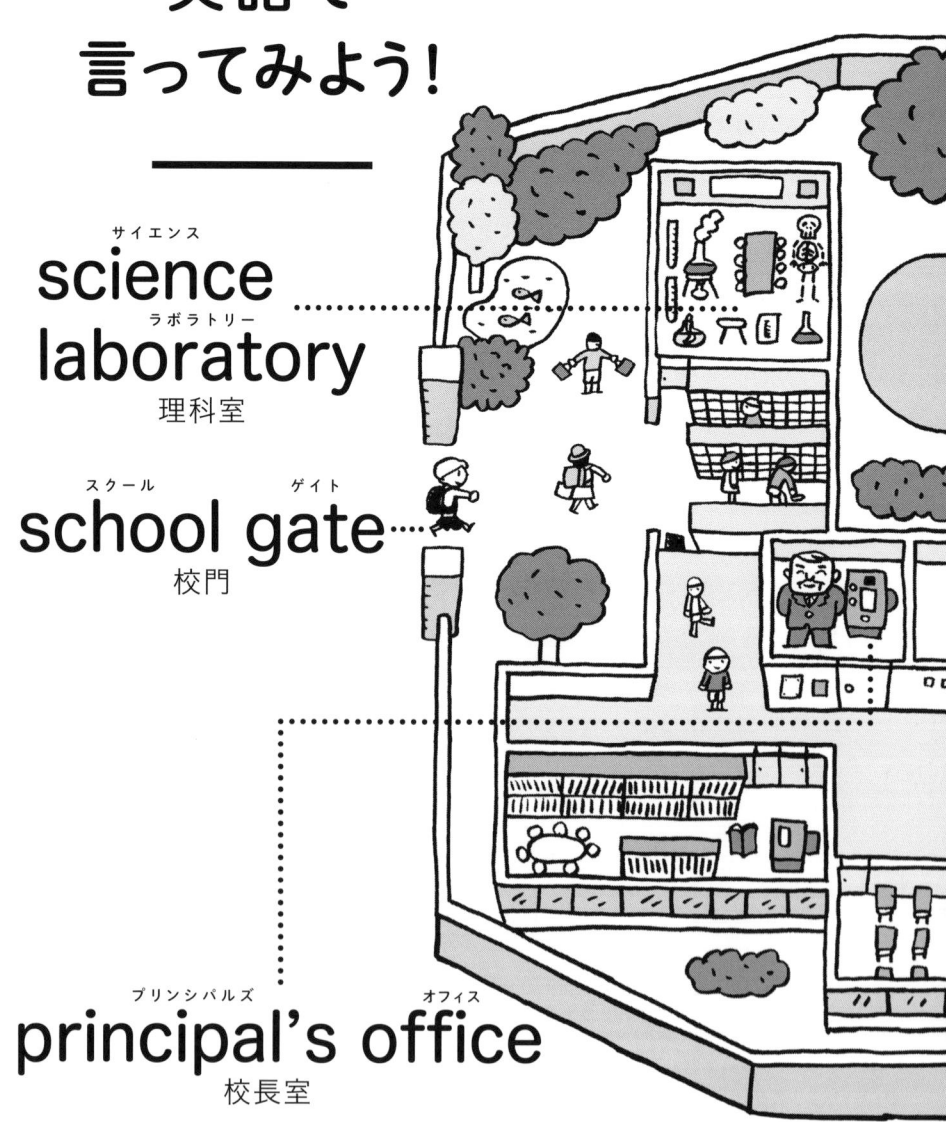

サイエンス
science
ラボラトリー
laboratory
理科室

スクール　　ゲイト
school gate
校門

プリンシパルズ　　　　　オフィス
principal's office
校長室

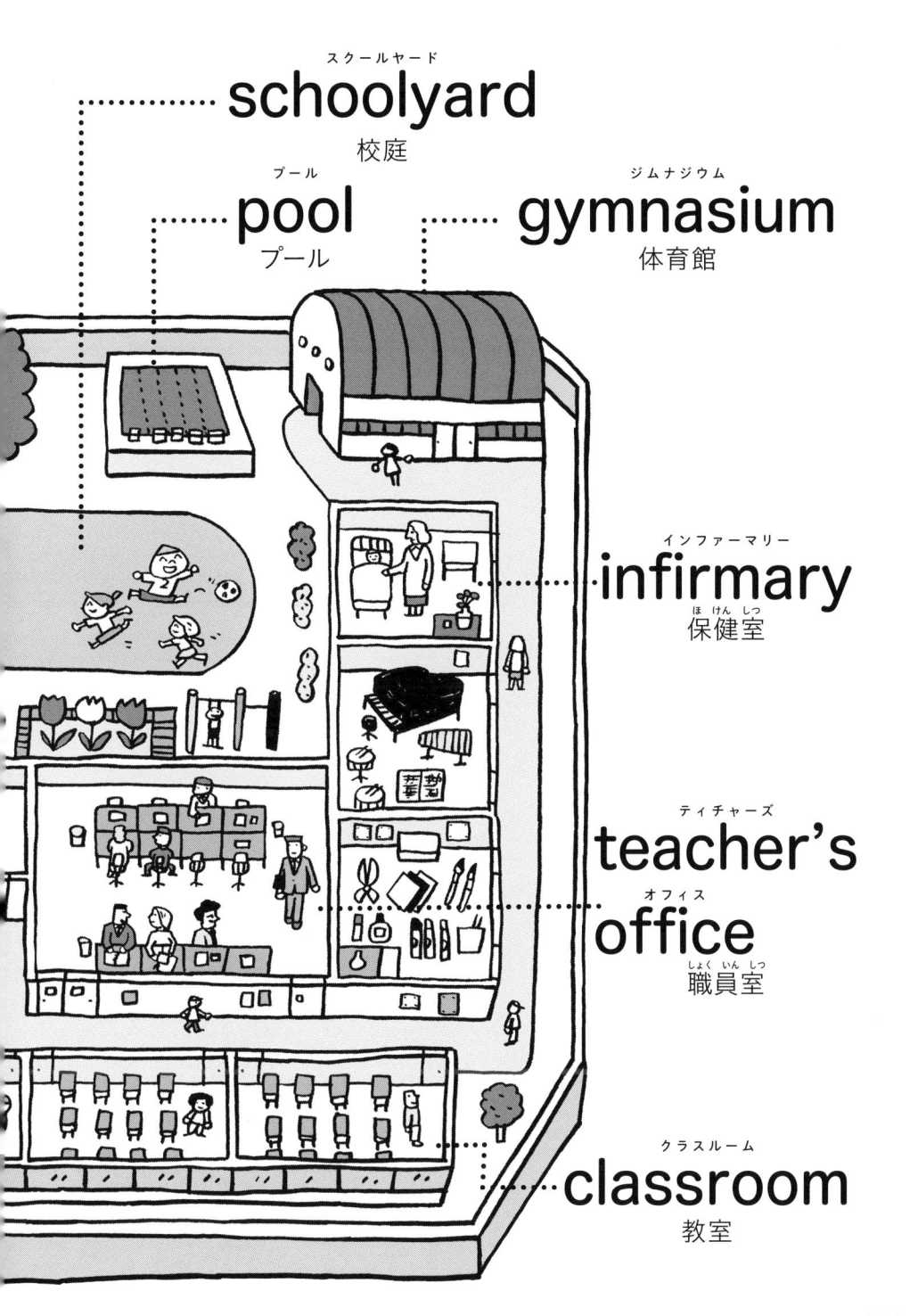

スクールヤード
schoolyard
校庭

プール
pool
プール

ジムナジウム
gymnasium
体育館

インファーマリー
infirmary
保健室

ティチャーズ
teacher's
オフィス
office
職員室

クラスルーム
classroom
教室

signは「しるし」！

サイン

3回 くり返して **声** に出す

クイズ sign は「しるし」だね。じゃあ、「合図」は？

サイン

こたえ signal！

シグナル

「サイン」が「シグナル」になると
「合図」っていう意味になるんだね。

おっ、プリン発見！
食べようっと！

あっ

1

standは「立つ」！

スタンド

（クイズ） **stand** は「立つ」だね。じゃあ、「舞台」は？

スタンド

（こたえ） <u>sta</u>ge！

ステージ

舞台も「立つ」ところだから、同じ sta がつくんだね！

ぶたい

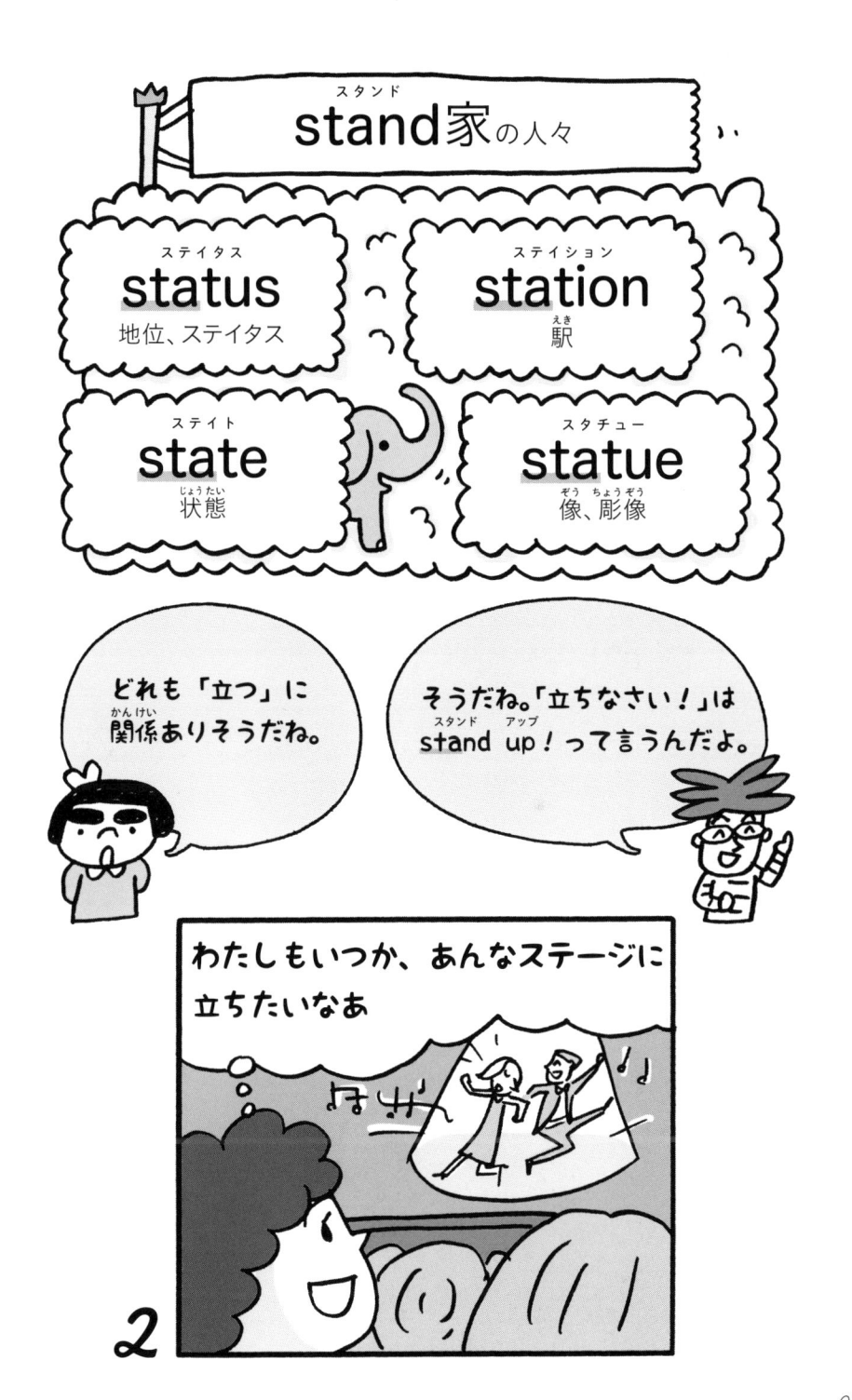

subは「下の」という意味！

3回 くり返して 声に出す

クイズ sub は「下の」だね。じゃあ、「地下鉄」は？

こたえ subway！

下の (sub) 道 (way) だから、subway なんだね。

submarine 7

こちらサブマリン7、とても長い物体が近づいてきますが……

1

078

super は「上に」という意味！

スーパー

クイズ super（スーパー）は「上に」だね。じゃあ、「新幹線」は？

こたえ superexpress（スーパーエクスプレス）！

express（エクスプレス）が急行だから、superexpress（スーパーエクスプレス）は新幹線なんだね！　37ページも見てね！

わたしは超人的能力（ちょうじんてきのうりょく）をもつ
スーパーヒーロー、
ジローマンだ!!

1

term は「期間」！

3回 くり返して 声に出す

クイズ

term は「期間」だね。じゃあ、「一学期」は？

こたえ

the first term!

first は「一番目の」という意味。
「一学期」は「一番目の期間」だね。

電車に乗ったら、7つ目の駅で降りるんだよ！

りょうかい!!

いってきます

だいじょうぶかな……

1

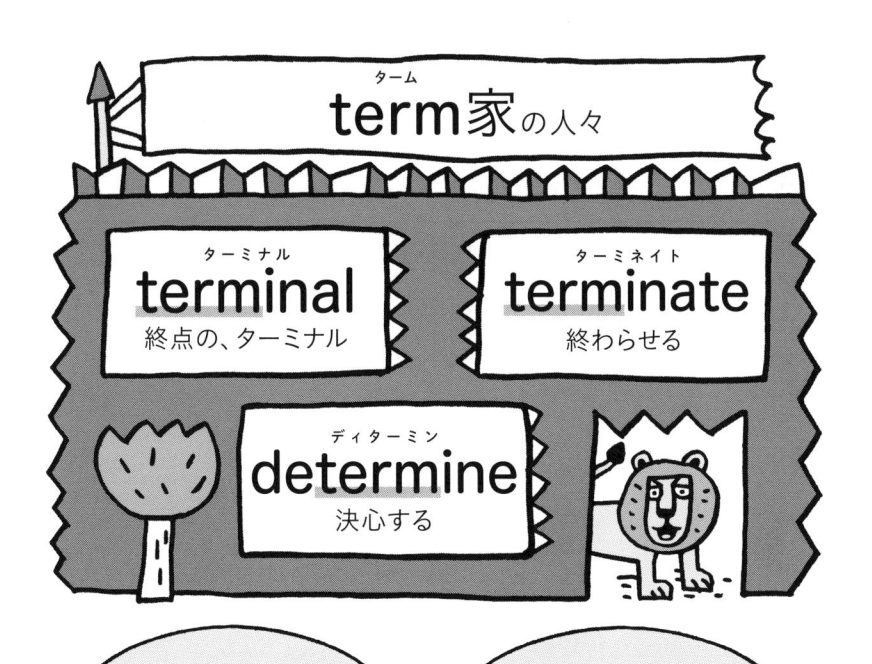

term家の人々 *ターム*

terminal *ターミナル*
終点の、ターミナル

terminate *ターミネイト*
終わらせる

determine *ディターミン*
決心する

term には「終わる」って いう意味もあるんだね。

そうだね。映画の 「ターミネーター」は 「終わらせる人」なんだ！

はじめてひとりで電車に乗って おじいちゃんの家に行きました

しまった

終点だよ

……しかし、ターミナルの 駅までねすごしてしまった さぶろうでした

2

月を英語で言ってみよう!

1月
ジャニュエリ
January

2月
フェブルエリ
February

3月
マーチ
March

4月
エイプリル
April

5月
メイ
May

6月
ジューン
June

7月
ジュライ
July

8月
オーガスト
August

9月
セプテンバ
September

10月
オクトーバ
October

11月
ノーヴェンバ
November

12月
ディセンバ
December

testは
「試験」！

test

クイズ test は「試験」だね。じゃあ、「競技」は？

こたえ contest！

コンテストも、だれがすぐれているかという試験みたいなものだね。

算数のテストの結果……

いちろう　じろう　さぶろう

……　……　……

サッ

おまえたち、テストをかせ！いいことを思いついたぞ！

1

テキスト
text は「本文」!

クイズ テキスト
text は「本文」だね。じゃあ、「教科書」は？

こたえ テキストブック
textbook！

教科書は、文章（text）がたくさん書いてある
ブック
本（book）だからね！

3回 くり返して
声に出す

triは
「3つの」という意味！

クイズ tri は「3つの」だね。じゃあ、「三角形」は？

こたえ triangle！

楽器のトライアングルも
三角形だね！

キーン

なかよし3人組の
すてきなショーを
ごらんください

ザワ ザワ

キコ
キコ

1

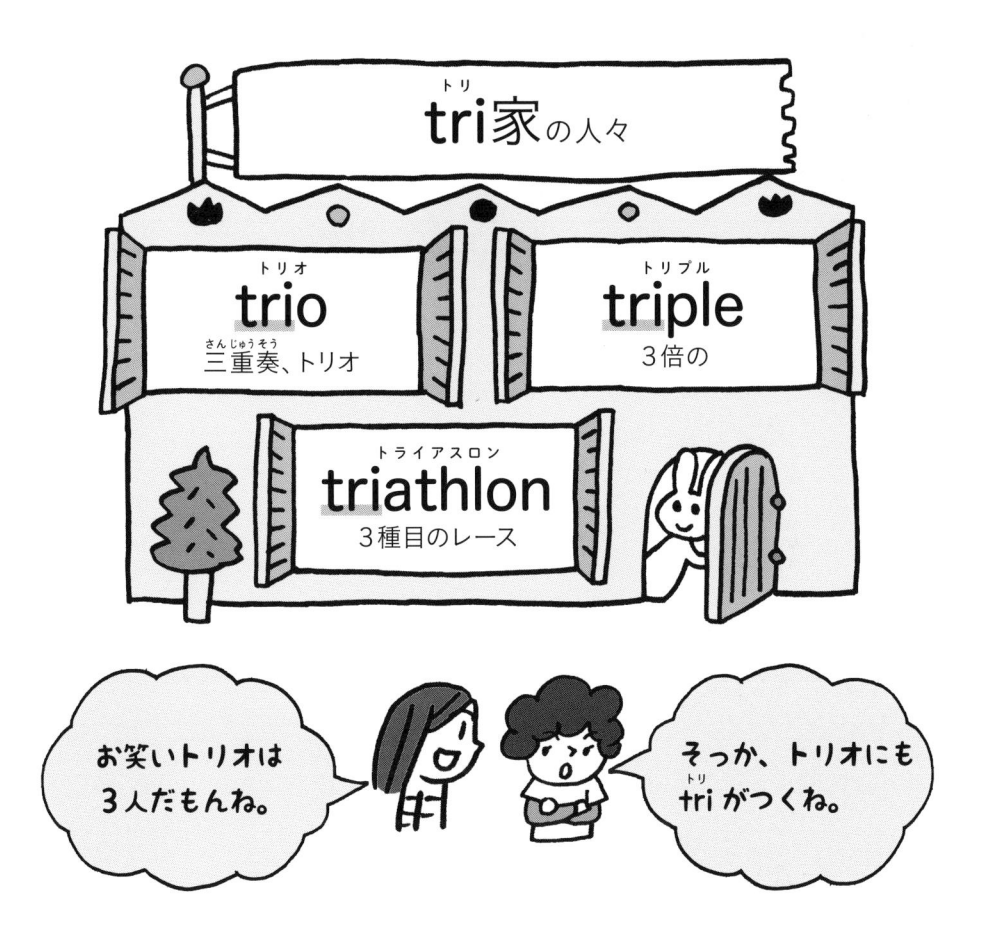

3回 くり返して 声に出す

uniは
「一つの」という意味！

クイズ uni は「一つの」だね。じゃあ、「宇宙」は？

こたえ universe！

宇宙は一つしかないから、uni がつくんだね。

わしはむかし、アメリカのユニヴァーシティにおって、いろいろユニークな研究をしておったのじゃ……

ウーム 白いコーヒーをつくれないものか…

むかしの ひろくん のおじいちゃん

1

column 6

> キミの得意な
> スポーツはなにかな？

スポーツを英語で
言えるとカッコいい！

66 みんなにとっては、スポーツに関する英語はなじみがあるんじゃないかな。

テニスは「tennis（テニス）」、バレーボールは「valleyball（ヴァレーボール）」、野球は「baseball（ベースボール）」、サッカーは「soccer（サッカー）」、バスケットボールは「basketball（バスケットボール）」だね。

日本ではじまった柔道や剣道は「judo（ジュウドウ）」「kendo（ケンドウ）」と、日本語をそのまま英語表記にしているよ。

日本語が、そのまま世界でも通じるのは、スポーツにもたくさんあるね。

スポーツの世界大会が日本で開催されることも、テレビなどで海外から中継されることも多いから、スポーツに関する英語は覚えておきたいね。

ほかに、どんなスポーツの名前を知っているかな？
右のページを見てみよう！ 99

❶ badminton
バドミントン
バドミントン

❷ swimming
スイミング
水泳

❸ baseball
ベイスボール
野球

❹ football
フットボール
サッカー

❺ basketball
バスケットボール
バスケットボール

❻ volleyball
ヴァレーボール
バレーボール

❼ table tennis
テイブル　テニス
卓球
たっきゅう

❽ tennis
テニス
テニス

❾ athletics
アスレティックス
陸上競技

❿ gymnastics
ジムナスティックス
体操

ability は「〜できること」！

**クイズ** ability は「〜できること」だね。じゃあ、「責任」は？

**こたえ** responsibility！

> responsibility は責任、義務、信頼性という意味があるね！

リスポンシビリシティとは

なんだ、この長いことばは……。リスとタヌキのポン太がかみなりに打たれたってことか？

「責任」っていう意味のことばだよ

たとえば…

1

ableは「〜できる」!

（クイズ） ableは「〜できる」だね。じゃあ、「食べられる」は？

（こたえ） eatable！

eatは「食べる」だから、
ableがついてeatableだね！

電話もパソコンも
ポータブルの時代じゃな！

1

able家の人々

available
利用できる

portable
携帯できる

unbelievable
信じられない

持ち運びできるプレイヤーを portable player って言うもんね。

ウチのおばあちゃん、「ポータブルトイレ」使ってるよ。

しかし、歩きながらは、かなり危険じゃ……

ally は
「〜に」という意味！

 **クイズ** ally は「〜に」。じゃあ、「本当に」は？

 **こたえ** really！

現実のことをリアルと言うから、「本当に」が really なんだね。

ほんと!?
うそー！
リアリ!?

アメリカ旅行！
大当たり!!

カラン
コロン

コロン

チーン

1

ary がつくと
「〜のこと」！

 クイズ **ary**（アリ）がつくと「〜のこと」。じゃあ、図書館は？

 こたえ **library**（ライブラリ）！

ライブラリは本を読むところ、
という意味だね！

チョット、スミマセン。
ライブラリ　ハ
ドコデスカ？

ぼくも今、
図書館に行く
ところだから、
いっしょに
行こう！

あっちだよ

外国の子

1

ate がつくと「〜する」!

くり返して
声に出す

エイト
ate がつくと「〜する」

クイズ ate（エイト）がつくと「〜する」だね。じゃあ、「創造（そうぞう）する」は？

こたえ create（クリエイト）！

create（クリエイト）は、なにもないところから
新しく作りだすことだね！

わたしのクリエイト
した ダンスを
見て！

小夏、すっごく
かっこいい!!

1

com コム は
「共に」という意味！

クイズ com コム は「共に」。じゃあ、「いっしょに話すこと」は？

こたえ communication コミュニケイション ！

そっか、コミュニケイションは
人と共に話すことだもんね。

ポッチのさんぽが家族の
コミュニケイションの時間！！

学校は
どう？

運動会の練習が
たいへん！

へえ、
すごいね

ぼくは
リレーに
でるんだ

1

3回
くり返して
声に出す

fin は
フィン

「終わり」という意味!

クイズ fin は「終わり」。じゃあ、「終わりの」は?
フィン

こたえ final!
ファイナル

なるほど!
そっか、「ファイナルアンサー」って言うもんね。

小学生リコーダーコンテスト

さあ、決勝に残った
ファイナリストは
ゆうかちゃんと
秋子ちゃんです

1

> かんばんにもたくさん
> 英語が使われているよ

町で見かける
英語を
チェックしよう!

66 「英語なんて、見たことも聞いたこともないからわからない!」なんて思ってないかな。

でも、みんなの住んでいる町を歩いてみると、英語の言葉にたくさん出合うことができるはず。

たとえば、ファミリーレストラン。ほら、これも英語だよ。「family」は家族、「restaurant」はレストラン。家族で行くレストランっていう意味だね。

郵便局に行くと、「post office」って書いてあるよ。「post」は郵便ポストのこと。その会社っていうことだね。

銀行は「bank」、きっさ店は「coffee shop」、本屋は「book store」。町に出て英語をさがしてみよう! 99

❶ family restaurant
ファミリーレストラン

❷ police
警察

❸ school
学校

❹ bank
銀行

❺ coffee shop
きっさ店

❻ book store
本屋

❼ post office
郵便局

 **fluは「流れる」。**
じゃあ、「流れるようにすらすらと話す」は？

 **fluent!**

英語を fluent に話せたら
カッコイイなぁ。

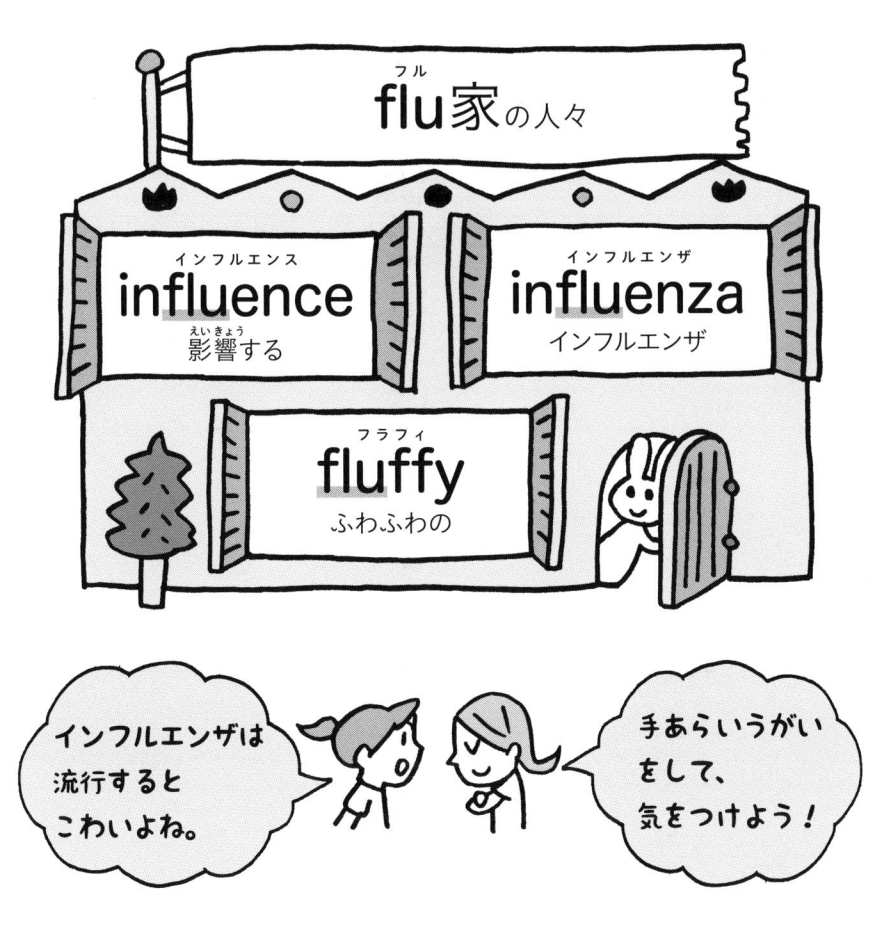

jectは
「投げる」という意味！

クイズ ジェクト
jectには「投げる」という意味があるよ。
じゃあ、「前に（pro）投げる（ject）」とは？

こたえ プロジェクト
project!「計画」という意味だよ。

プロジェクトは、未来にむかって投げられた、
というイメージだね。

「新ラーメンプロジェクト」
を立ちあげるぞ！

おーっ！　やるぞう！

1

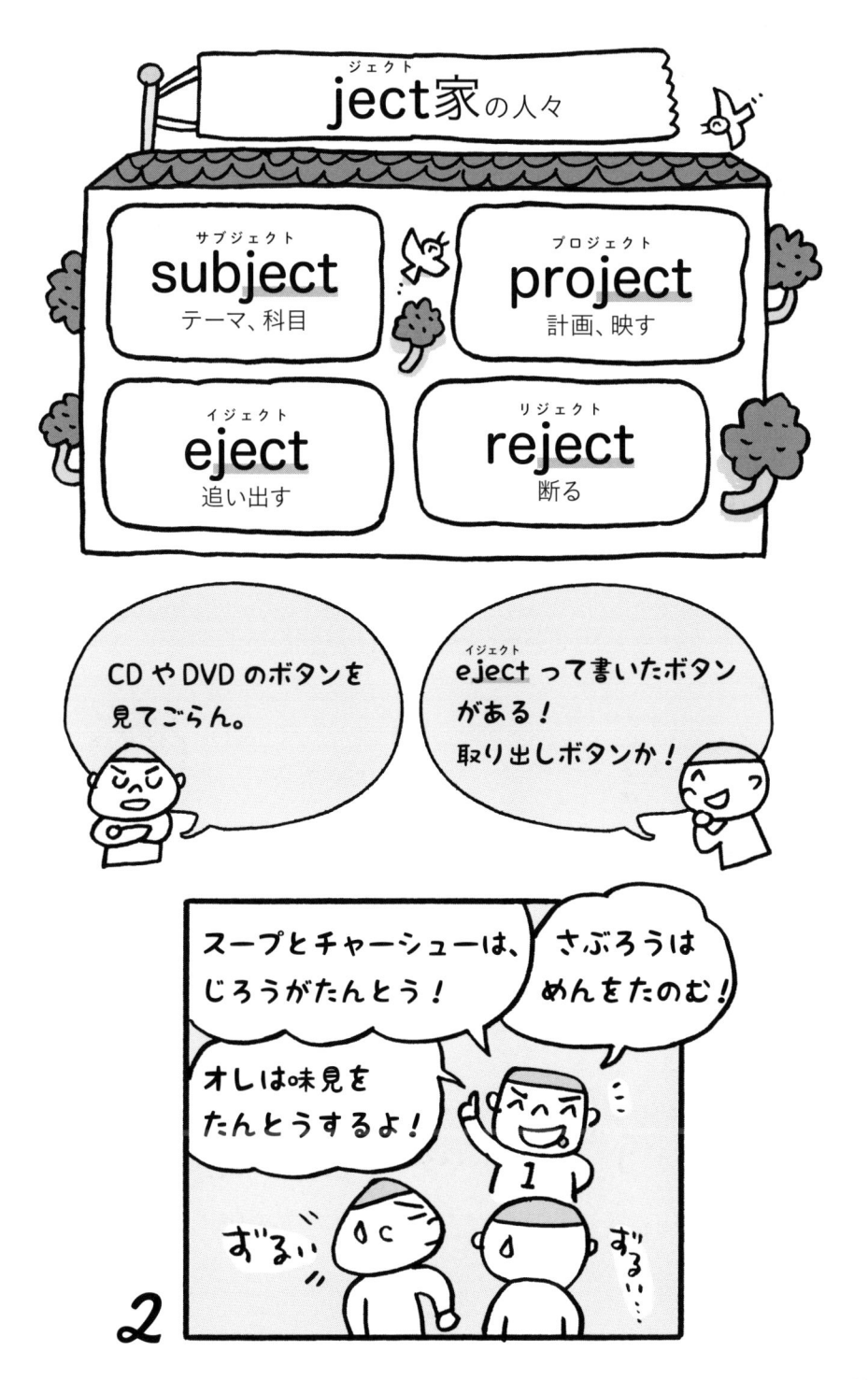

logueは
「話すこと」という意味!

クイズ logue には「話すこと」という意味があるんだね。
じゃあ、商品を説明する「カタログ」は?

こたえ そのまんま、catalogue だよ!

商品について話すように書かれているから
「logue」がつくんだね。

秋子がモノローグ
(一人しばい)に
チャレンジする
んだって!

一人しばい、
すごーい!

本に出てくる prologue（プロローグ）は「はじめに」、epilogue（エピローグ）は「終わりに」という意味だね。

2

logyは「学問」という意味！

クイズ
logy は「学問」をあらわすんだね。
じゃあ、「心理学」のことは？

こたえ
psychology! 人の心理を勉強することだよ。

bio は生物だから、生物学は biology だよ。

英語を学ぶときの
基本の゛き゛！

英語は
声に出して
練習しよう！

❝　はじめて英語に出合うみんなは、「こんなにたくさんの言葉を覚えるなんて、むずかしい」と思っているかもしれないね。文字も日本語とはちがうし、読み方も意味もちがう。なにもかもちがうものを一から覚えるのはたいへんなことだよね。

　まずは、この本を声に出して読むことから練習してみよう。

　国語の教科書や本を読むのとおなじように、声に出して読んでみるんだ。英語を覚えようなんて思わず、ふつうに本を読むのとおなじように読もう。

　たとえば、左上のかこみの中には「act は『行動

する』！」とあるよね。まず、これを3回くり返して読もう。

　あとは、会話文のようになっているから、友だちに問題をだすかんじで、「act は行動する。じゃあ、行動は?」、「action ！」というふうに読んでいくんだ。

　そうすると、「英語を覚える」ではなく「日本語の会話を読む」ということになって、「なるほど!」と思えるようになるよ。

　ちがう国の言葉を学ぶには、声に出して読んで、それを耳で聞いて、体の中にしみこませるのが一番。もくもくと読むのではなく、声に出して元気よく読もう! 〟

meta は
「変化」という意味！

 **クイズ** **meta** がつくと「変化」という意味になるんだね。
じゃあ、「変形する」は？

 **こたえ** **metabolic!** メタボリックシンドロームって、
太りすぎのことだったよね。

「メタボ体形」の「メタボ」は、
この metabolic からきたんだね。

運動しないで、食べてテレビ
ばっかりみているとメタボリック
シンドロームになっちゃうよ

なんだ、それ？

1

モーション
motionは
「動き」!

クイズ モーション
motion は「動き」や「運動」という意味。
じゃあ、「ゆっくり動くこと」は？

こたえ スロー　　　モーション
slow motion! テレビでよく見るね。

モーション が動きだから、slow はゆっくりって
いう意味だね！

それではスローモーションで
もう一度、見てみましょう！

1

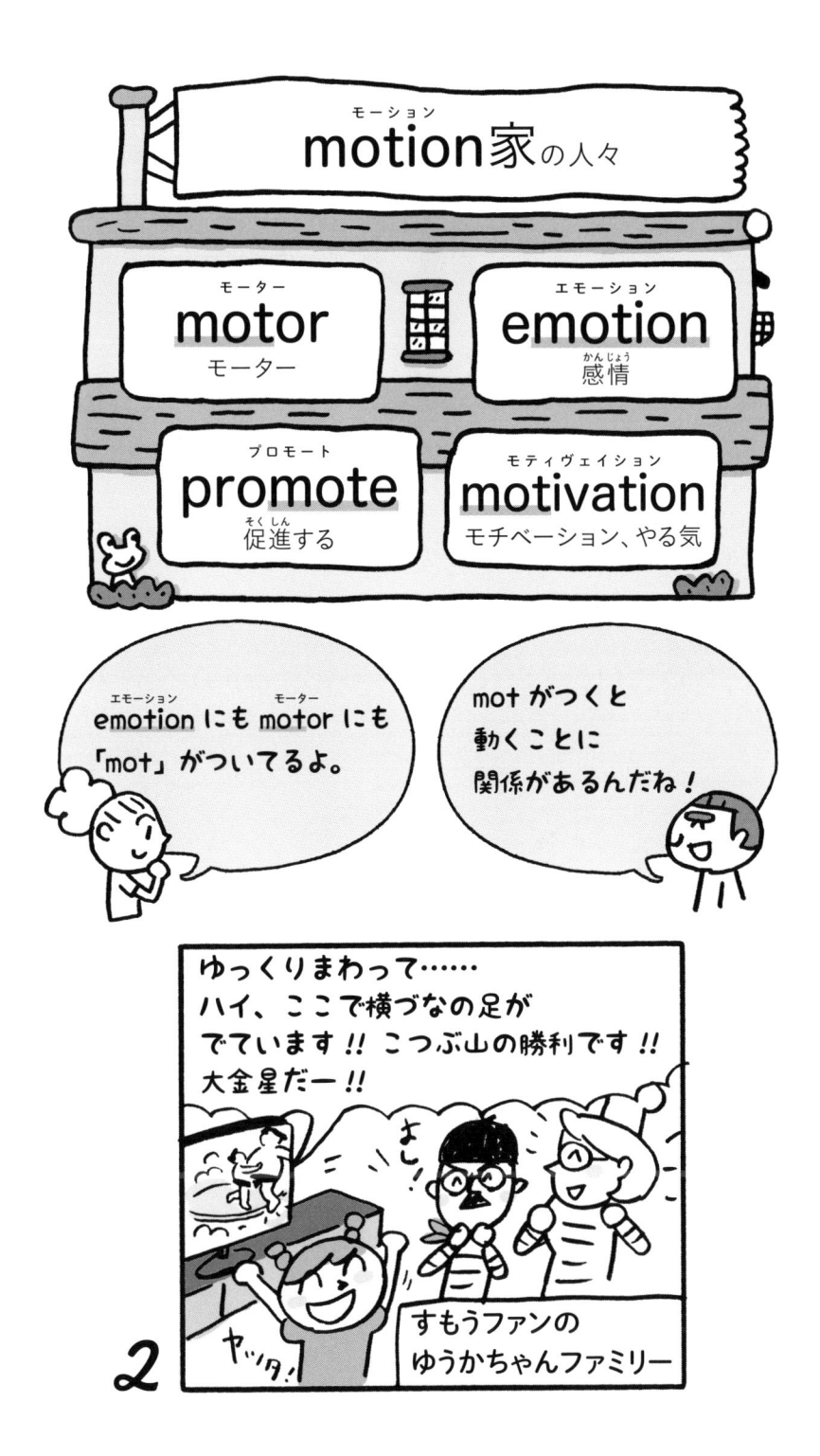

mount（マウント）は「のぼる」！

クイズ mount（マウント）は「のぼる」という意味。
じゃあ、「山」は？

こたえ mountain（マウンテン）！ 山はのぼるものだもんね！

じゃあ……富士山（ふじさん）はMount（マウント） Fuji（フジ）だね！

外国人にインタビュー！

日本で一番、高い山、知ってますか？

I ♥ Japan

イエス

1

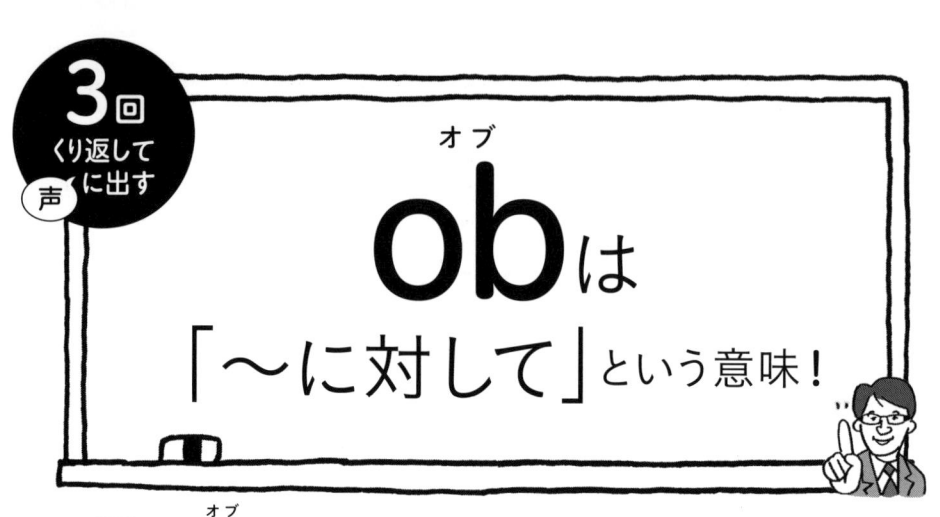

obは「〜に対して」という意味！

ob は「〜に対して」という意味。
じゃあ、「反対の意見を言う」は？

object！ 相手に対して言うからだね。

object には「物」という意味と
「反対する」という意味があるよ！

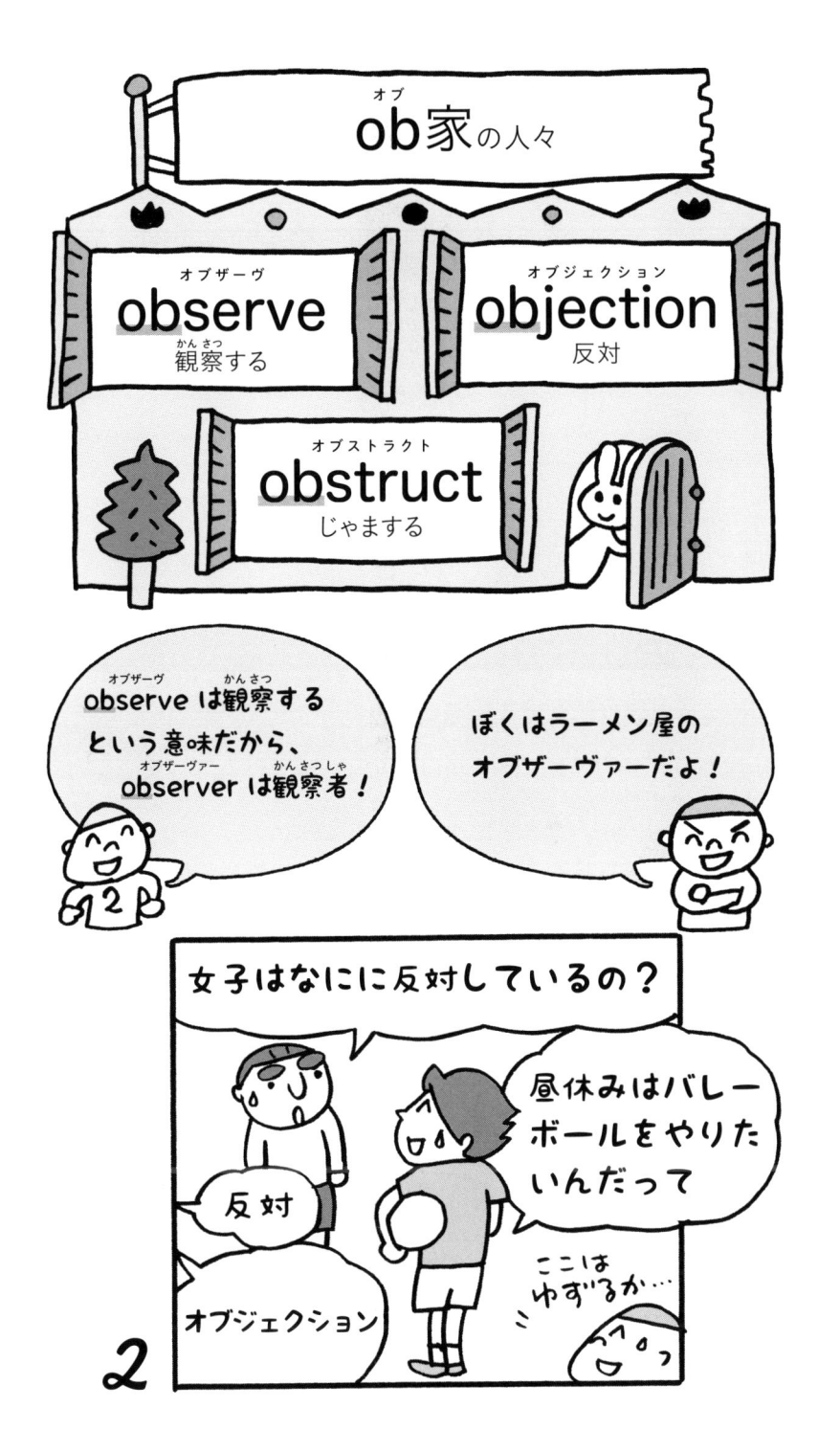

pan（パン）は
「すべて」という意味！

クイズ pan（パン）は「すべて」という意味。
じゃあ、「全体の景色」のことは？

こたえ panorama（パノラマ）！
広くひろがる景色のことだね。

そっか、パノラマ写真って言うもんね。

みごとなパノラマね！

まちの全景（ぜんけい）が見わたせるね！

1

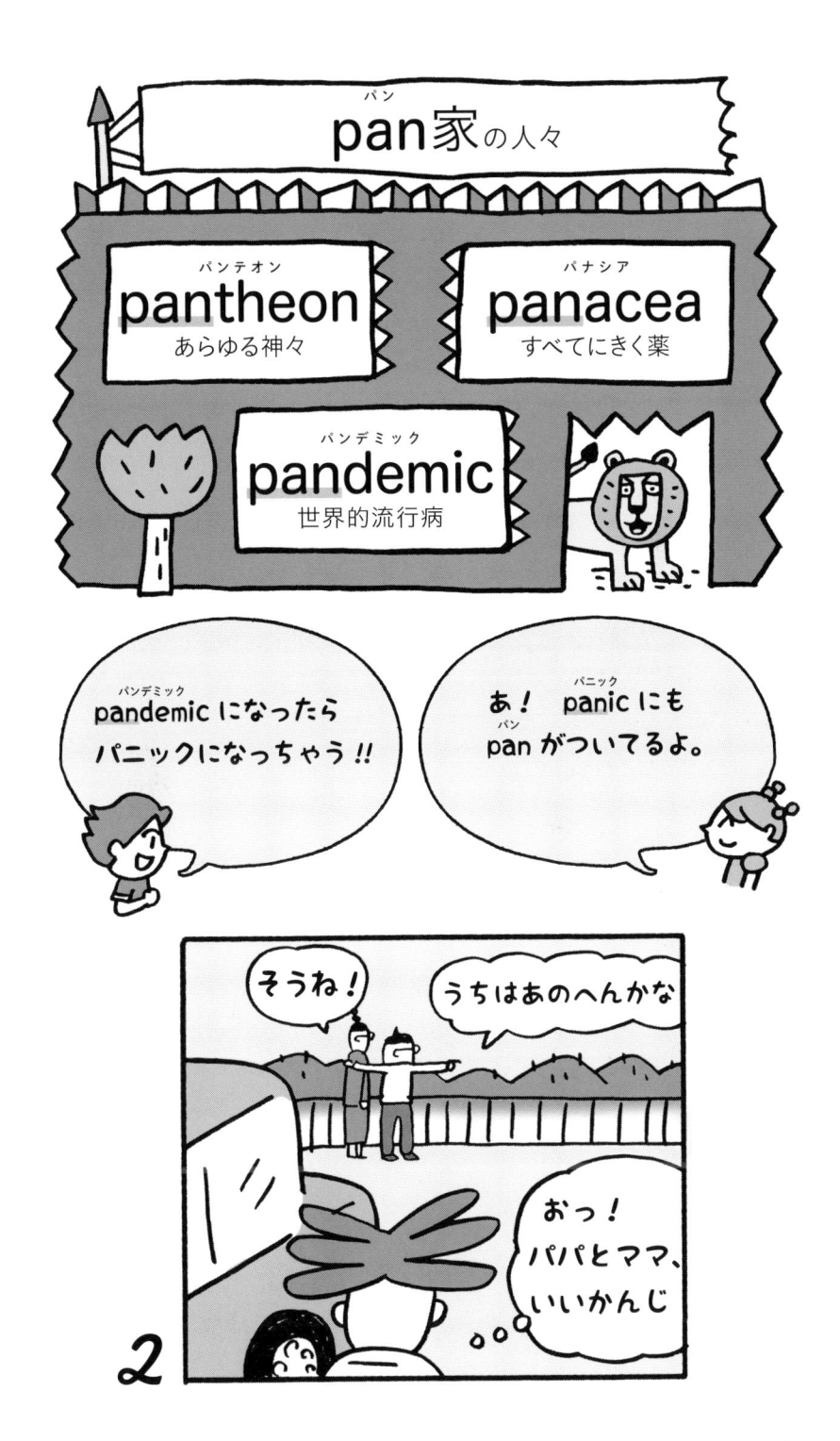

> 英語も国語も
> 言葉の勉強だよ!

英語の力を
つけるためには、
国語がだいじ!

" 英語は英語、国語は国語と、教科がちがうからべつべつの勉強だと思っていないかな?

　じつは、そうじゃないよ。英語を学ぶには、まず国語がきちんと身についていることが大切なんだ。

　国語では、日本の言葉や文学を勉強するよね。そして、みんなは国語、すなわち日本語を使って友だちと話をしたり、作文を書いたり、あるいは物事を考えたりするよね。

　英語の言葉を学ぶときは、同時に、それを日本語ではなんと言うか、言葉の「意味」を

　覚える。英語の、日本語での意味を知るために
は、日本語をちゃんと知っている必要がある
んだね。

　また、中学生になると、英語の文章を日本
語にほんやくする勉強も増えてくるんだ。今は
まだ単語一つひとつを覚える段階だけど、文章
になってくると、国語の作文力が大事になるよ。
まちがっていたら、ほんやくしたことにならない
んだね。

　これからは英語がだいじになる時代だからこ
そ、国語をしっかり勉強することが必要なんだよ。 99

3回 くり返して 声に出す

simple は「かんたんな」！
シンプル

クイズ simple は「かんたんな」だね。
シンプル
じゃあ、「ふくざつな」は？

こたえ complex！
コンプレックス

simple と complex は「ple」が同じだね。
シンプル　　コンプレックス
両方いちどに、おぼえられるかな?!

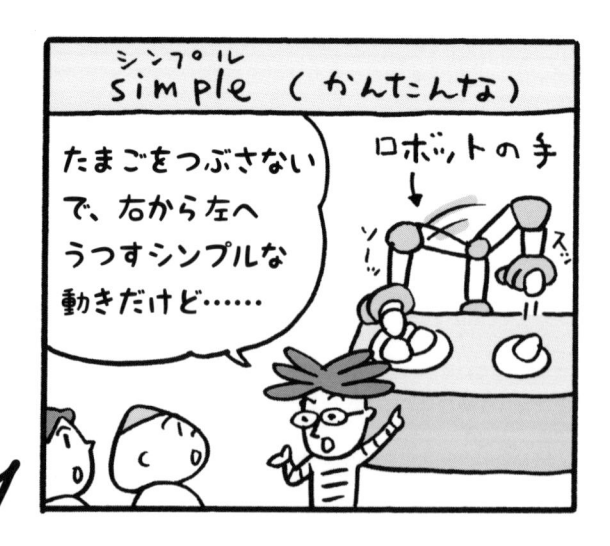

simple （かんたんな）
シンプル

たまごをつぶさないで、右から左へうつすシンプルな動きだけど……

ロボットの手

1

 **pro** は「〜の前の」という意味。
じゃあ、「提案する」は？

 **propose!** 前向きに意見を言うからかな。

結婚の申しこみも propose だね。
いっしょに前に進んでいく感じかな♥

ねー！ パパがママに
プロポーズしたのって、
もしかして、ここ!?

1

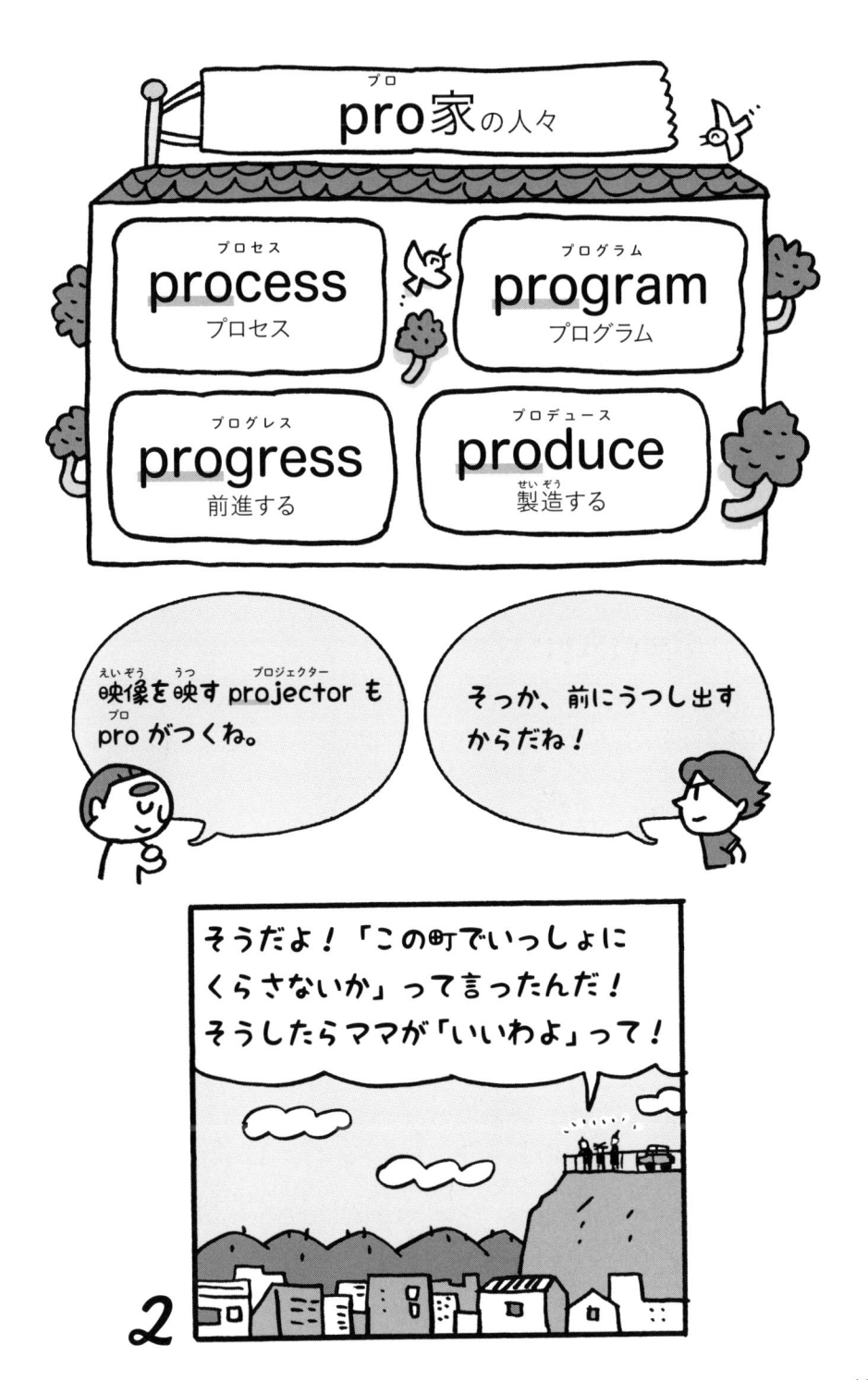

questは「さがす」!

（3回くり返して声に出す）

（クイズ） quest（クエスト）は「さがす」だね。じゃあ、「質問（しつもん）」は？

（こたえ） question（クエスチョン）！

question（クエスチョン）（質問（しつもん））は「答えをさがす」だから、quest（クエスト）がつくんだね。

1

3回 くり返して 声に出す

reは

「ふたたび」という意味！

クイズ re は「ふたたび」だね。じゃあ、「思い出す」は？

こたえ remember！ (リメンバー)

前のことを「ふたたび」思うから re がつくんだね。

1

 **sym** は「共（とも）に」だね。じゃあ、「同情（どうじょう）」は？

 **sympathy**（シンパシィ）！

同じ気持ちになるっていうことだから、sym（シン）がつくんだね。

sympathy（シンパシィ）（同情（どうじょう）、共感（きょうかん））

世界中に友達を
作ろう！

英語ができると
世界が
ひろがる！

    外国からの観光客が増えているっていうニュースを聞いたことがあるよね。

    日本の歴史や文化、エンターテインメントは海外の人たちに人気で、毎年多くの人たちが日本に来ているんだ。

    みんなの近くにも、外国の人がいるかな。おとうさんやおかあさんの知り合いにいるかもしれないね。

    言葉は国によってちがうけれど、英語は世界でも多くの人が話せる言語なんだ。

    英語ができると、いろんな国の人たちと仲よくな

れるよ。日本にやってくる人とはもちろん、みんな
が外国へ行ったときも、英語が話せれば、いろん
な経験ができて世界がひろがるよ。

　これから、ますます国際化が進んでいく時代。
外国の人といっしょに仕事をすることも増えてくる
だろうし、英語が必要になることも今よりずっと多
くなるだろう。

　どんな人とも助け合い、仲よくなれることは、み
んなの人生をゆたかにしてくれるよ。

　今のうちから、どんどん英語に親しもう！ 🥷

tion（ション）が

つくと名詞（めいし）になる!

クイズ tion（ション）がつくと名詞（めいし）になるんだね。
たとえばどんな言葉がある?

こたえ 「状態（じょうたい）」という意味の condition（コンディション）!

「今日のコンディションは」って言うもんね。

ション ション ション

T・I・O・N（ティ・アイ・オー・エヌ）くっついて
名詞（めいし）になったよ! どんなかな?

1

tract は「引く」という意味！

トラクト

クイズ tract は「引く」だね。じゃあ、「引きつける」は？

トラクト

こたえ **attract！**

アトラクト

遊園地のアトラクションは
attract からきたんだね。

アトラクト

遊園地にて

うわーっ！ 楽しそうな
アトラクションでいっぱいだ！

たくさんのっぺぇ

1

vent（ヴェント）は
「来る」という意味！

（クイズ） vent（ヴェント）は「来る」だね。じゃあ、「できごと」は？

（こたえ） event（イヴェント）！

> 学校でも、季節ごとに
> イヴェントがあるよね。

> うちの学校は秋に
> 大きなイヴェントが2つ、
> あるけど、なにかわかる？

えーとね…

1

3回
くり返して
声に出す

vis は「見る」という意味！
（ヴィズ）

クイズ vis（ヴィズ）は「見る」だね。じゃあ、「会いに行く」は？

こたえ visit（ヴィジット）!

「会いに行く」のは、相手を「見に行く」ことだもんね。

10年後のヴィジョンをきかせてください！

花屋さん！

サッカー選手になってます

ウーム

1

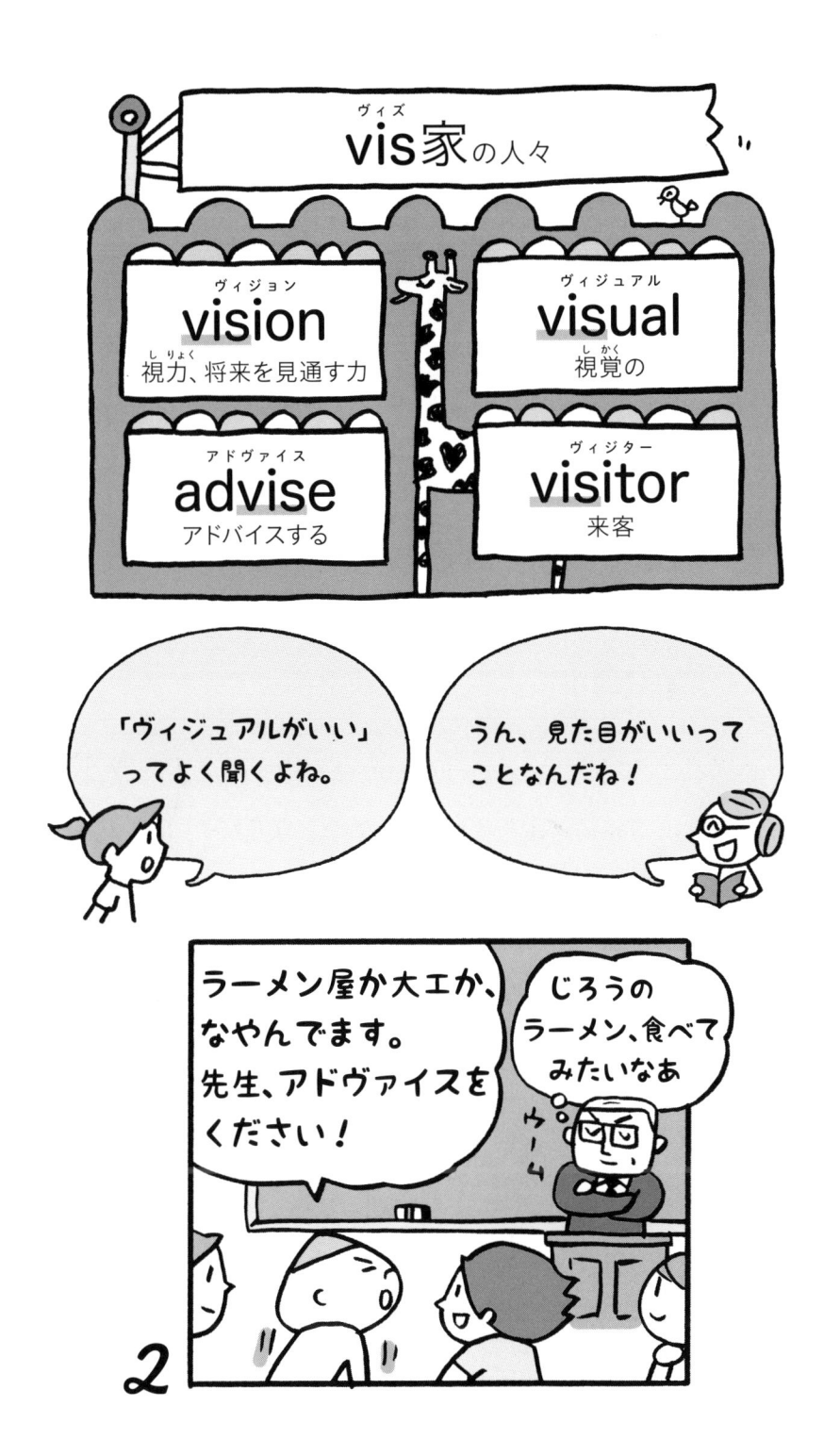

vivは「生きる」という意味！

クイズ viv は「生きる」だね。じゃあ、「生き生きとした」は？

こたえ vivid！

ヴィヴィッドな色は、生き生きした色のことなんだ！

小夏！ すごいヴィヴィッドな色の服ね！ すてき！！

ホント!? ありがとう

1

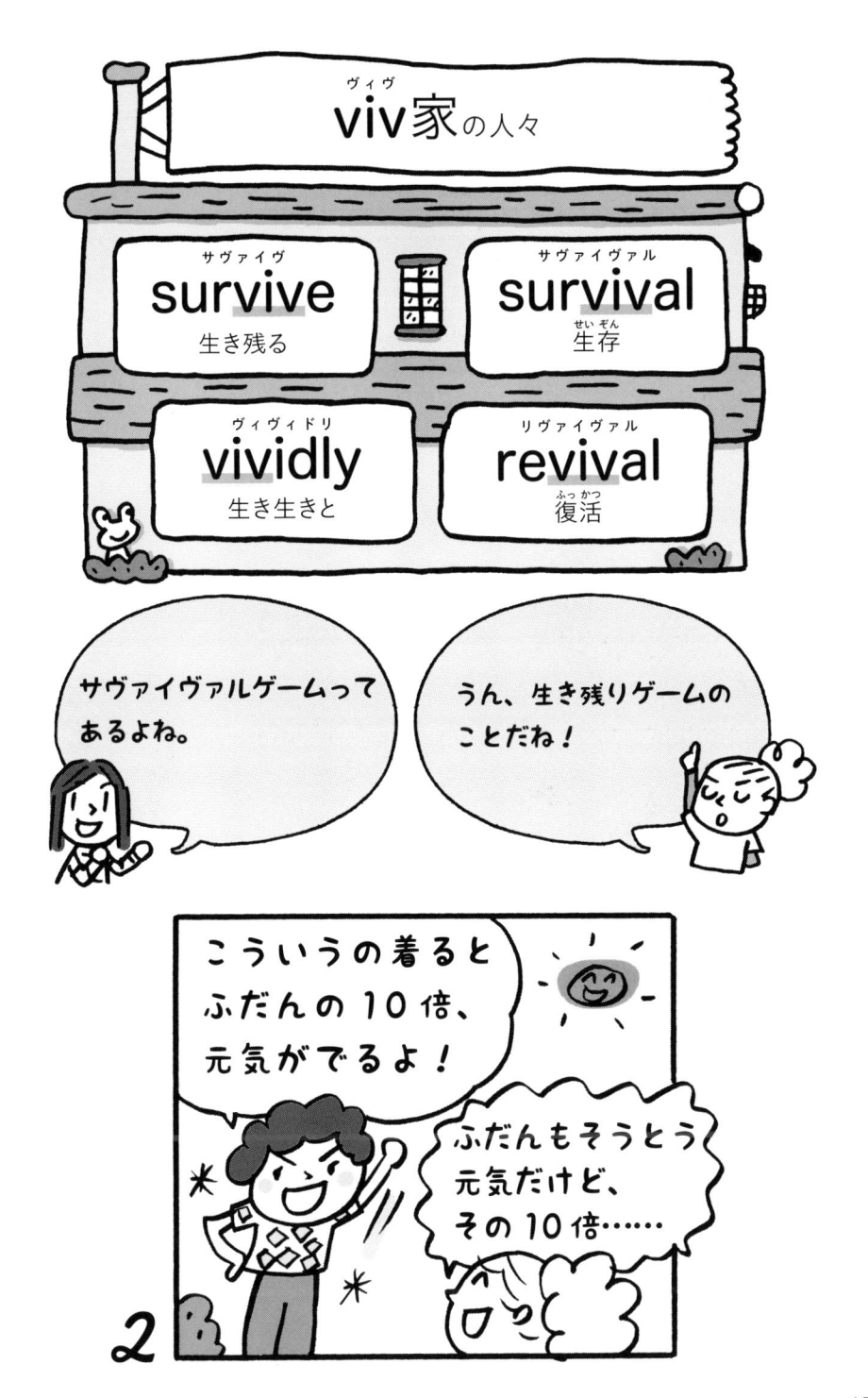

column
11

言葉は
ファミリーだ！

英単語は
つながりで
覚えよう!

❝　英単語を一つひとつ覚えるのは、むずかしいよね。
日本語の言葉もすべて覚えるなんてできないのに、そ
こに英語まで加わったらたいへんだ！

　だから、核になる言葉をまず覚えて、その言葉の
つながりで覚えていくといいんだ。この本は、「つなが
り＝ファミリー」で言葉を覚えるようにできているよ。

　たとえば、「act（行動する）」という核になる言葉
を覚えたら、同じように act がつく言葉、「action（行
動）」「active（行動的）」「reaction（反応）」を
覚えていく。どれも、act の「行動する」という意味

ともつながっているから、言葉も意味もつながりで覚えることができるよ。

　つまり、act を一つ覚えると、同時に三つの言葉を覚えることができるんだ。

　日本語でも同じだね。「家」という言葉から、「家庭」「家族」「家賃」「書道家」というふうにひろがっていくよね。

　一つの言葉を覚えることで、その言葉とつながりのある言葉をどんどん知ることができる。英単語を覚えるのが楽しくなるね！

おわりに

　最後まで読んでみて、どうだったかな？

　この本は、一度読んで終わりじゃなくて、何回も何回も、学年が上がっても、大人になっても読んでほしい本だよ。英単語の覚え方に、子どもと大人の区別はないからね。「単語ファミリー」で覚えるというのは、だれにも共通の方法なんだよ。

　英単語を覚えるのは、英語学習のスタートでもありゴールでもあるんだ。難しいと思いこまずに、何度もくり返して声に出して読もう。声に出したことは忘れないよ。この本には、カタカナで発音が書いてあるから、カタカナ読みに慣れたあとは、CDや電子辞書などで正確な発音を調べてみるのもいいね。

さあ、ここで復習問題！

声に出して読みながら、あいているマスをうめて
みよう！　カタカナ読みが入るよ。

1. actは □□□
2. centは □□□
3. graphは □□□
4. pressは □□□
5. testは □□□

さあ、忘れないうちに、もう一回はじめからこの
本を読んでみよう。次はもっとわかるようになって
いるよ！

齋藤孝
1960年生まれ。東京大学法学部卒業。同大学院教育学研究科博士課程を経て、明治大学文学部教授。専門は教育学、身体論、コミュニケーション論。著書に『これでカンペキ！ マンガでおぼえる』シリーズ、『子どもの日本語力をきたえる』など多数。NHK Eテレ「にほんごであそぼ」総合指導。

編集協力
佐藤恵

ブックデザイン
野澤享子
高倉美里（permanent yellow orange）

イラスト
ヨシタケシンスケ（カバー）
漆原冬児（本文）

これでカンペキ！
マンガでおぼえる英単語

発行日	2017年12月31日	第1刷発行
	2024年1月15日	第5刷発行
著　者	齋藤孝	
発行者	小松崎敬子	
編集	田辺三恵	
発行所	株式会社 岩崎書店	

東京都文京区水道1-9-2
〒112-0005
電話　03(3812)9131[営業]
　　　03(3813)5526[編集]
振替　00170-5-96822

印刷・製本　光陽メディア株式会社

©2017 Takashi Saito
Published by IWASAKI Publishing Co.,Ltd.
Printed in Japan
ISBN978-4-265-80234-0　　NDC832

岩崎書店ホームページ　https://www.iwasakishoten.co.jp
ご意見をお寄せください　e-mail:info@iwasakishoten.co.jp